AF454149

Semesterplaner
2019-2020

Dieser Planer gehört

____

____

____

____

____

____

VORLESUNGEN

Semester: _______________________________

Zeit	Montag	Dienstag	Mittwoch	Donnerstag	Freitag

Notizen

____

____

____

____

____

____

Semester: ________________________

Zeit	Montag	Dienstag	Mittwoch	Donnerstag	Freitag

Notizen

____

____

____

____

____

____

	Januar	Februar	März	April	Mai	Juni
1	Di	Fr	Fr	Mo	Mi	Sa
2	Mi	Sa	Sa	Di	Do	So
3	Do	So	So	Mi	Fr	Mo
4	Fr	Mo	Mo	Do	Sa	Di
5	Sa	Di	Di	Fr	So	Mi
6	So	Mi	Mi	Sa	Mo	Do
7	Mo	Do	Do	So	Di	Fr
8	Di	Fr	Fr	Mo	Mi	Sa
9	Mi	Sa	Sa	Di	Do	So
10	Do	So	So	Mi	Fr	Mo
11	Fr	Mo	Mo	Do	Sa	Di
12	Sa	Di	Di	Fr	So	Mi
13	So	Mi	Mi	Sa	Mo	Do
14	Mo	Do	Do	So	Di	Fr
15	Di	Fr	Fr	Mo	Mi	Sa
16	Mi	Sa	Sa	Di	Do	So
17	Do	So	So	Mi	Fr	Mo
18	Fr	Mo	Mo	Do	Sa	Di
19	Sa	Di	Di	Fr	So	Mi
20	So	Mi	Mi	Sa	Mo	Do
21	Mo	Do	Do	So	Di	Fr
22	Di	Fr	Fr	Mo	Mi	Sa
23	Mi	Sa	Sa	Di	Do	So
24	Do	So	So	Mi	Fr	Mo
25	Fr	Mo	Mo	Do	Sa	Di
26	Sa	Di	Di	Fr	So	Mi
27	So	Mi	Mi	Sa	Mo	Do
28	Mo	Do	Do	So	Di	Fr
29	Di		Fr	Mo	Mi	Sa
30	Mi		Sa	Di	Do	So
31	Do		So		Fr	

Juli	August	September	Oktober	November	Dezember	
Mo	Do	So	Di	Fr	So	1
Di	Fr	Mo	Mi	Sa	Mo	2
Mi	Sa	Di	Do	So	Di	3
Do	So	Mi	Fr	Mo	Mi	4
Fr	Mo	Do	Sa	Di	Do	5
Sa	Di	Fr	So	Mi	Fr	6
So	Mi	Sa	Mo	Do	Sa	7
Mo	Do	So	Di	Fr	So	8
Di	Fr	Mo	Mi	Sa	Mo	9
Mi	Sa	Di	Do	So	Di	10
Do	So	Mi	Fr	Mo	Mi	11
Fr	Mo	Do	Sa	Di	Do	12
Sa	Di	Fr	So	Mi	Fr	13
So	Mi	Sa	Mo	Do	Sa	14
Mo	Do	So	Di	Fr	So	15
Di	Fr	Mo	Mi	Sa	Mo	16
Mi	Sa	Di	Do	So	Di	17
Do	So	Mi	Fr	Mo	Mi	18
Fr	Mo	Do	Sa	Di	Do	19
Sa	Di	Fr	So	Mi	Fr	20
So	Mi	Sa	Mo	Do	Sa	21
Mo	Do	So	Di	Fr	So	22
Di	Fr	Mo	Mi	Sa	Mo	23
Mi	Sa	Di	Do	So	Di	24
Do	So	Mi	Fr	Mo	Mi	25
Fr	Mo	Do	Sa	Di	Do	26
Sa	Di	Fr	So	Mi	Fr	27
So	Mi	Sa	Mo	Do	Sa	28
Mo	Do	So	Di	Fr	So	29
Di	Fr	Mo	Mi	Sa	Mo	30
Mi	Sa		Do		Di	31

JAHRESÜBERSICHT

	Januar	Februar	März	April	Mai	Juni
1	Mi	Sa	So	Mi	Fr	Mo
2	Do	So	Mo	Do	Sa	Di
3	Fr	Mo	Di	Fr	So	Mi
4	Sa	Di	Mi	Sa	Mo	Do
5	So	Mi	Do	So	Di	Fr
6	Mo	Do	Fr	Mo	Mi	Sa
7	Di	Fr	Sa	Di	Do	So
8	Mi	Sa	So	Mi	Fr	Mo
9	Do	So	Mo	Do	Sa	Di
10	Fr	Mo	Di	Fr	So	Mi
11	Sa	Di	Mi	Sa	Mo	Do
12	So	Mi	Do	So	Di	Fr
13	Mo	Do	Fr	Mo	Mi	Sa
14	Di	Fr	Sa	Di	Do	So
15	Mi	Sa	So	Mi	Fr	Mo
16	Do	So	Mo	Do	Sa	Di
17	Fr	Mo	Di	Fr	So	Mi
18	Sa	Di	Mi	Sa	Mo	Do
19	So	Mi	Do	So	Di	Fr
20	Mo	Do	Fr	Mo	Mi	Sa
21	Di	Fr	Sa	Di	Do	So
22	Mi	Sa	So	Mi	Fr	Mo
23	Do	So	Mo	Do	Sa	Di
24	Fr	Mo	Di	Fr	So	Mi
25	Sa	Di	Mi	Sa	Mo	Do
26	So	Mi	Do	So	Di	Fr
27	Mo	Do	Fr	Mo	Mi	Sa
28	Di	Fr	Sa	Di	Do	So
29	Mi		So	Mi	Fr	Mo
30	Do		Mo	Do	Sa	Di
31	Fr		Di		So	

2020

Juli	August	September	Oktober	November	Dezember	
Mi	Sa	Di	Do	So	Di	1
Do	So	Mi	Fr	Mo	Mi	2
Fr	Mo	Do	Sa	Di	Do	3
Sa	Di	Fr	So	Mi	Fr	4
So	Mi	Sa	Mo	Do	Sa	5
Mo	Do	So	Di	Fr	So	6
Di	Fr	Mo	Mi	Sa	Mo	7
Mi	Sa	Di	Do	So	Di	8
Do	So	Mi	Fr	Mo	Mi	9
Fr	Mo	Do	Sa	Di	Do	10
Sa	Di	Fr	So	Mi	Fr	11
So	Mi	Sa	Mo	Do	Sa	12
Mo	Do	So	Di	Fr	So	13
Di	Fr	Mo	Mi	Sa	Mo	14
Mi	Sa	Di	Do	So	Di	15
Do	So	Mi	Fr	Mo	Mi	16
Fr	Mo	Do	Sa	Di	Do	17
Sa	Di	Fr	So	Mi	Fr	18
So	Mi	Sa	Mo	Do	Sa	19
Mo	Do	So	Di	Fr	So	20
Di	Fr	Mo	Mi	Sa	Mo	21
Mi	Sa	Di	Do	So	Di	22
Do	So	Mi	Fr	Mo	Mi	23
Fr	Mo	Do	Sa	Di	Do	24
Sa	Di	Fr	So	Mi	Fr	25
So	Mi	Sa	Mo	Do	Sa	26
Mo	Do	So	Di	Fr	So	27
Di	Fr	Mo	Mi	Sa	Mo	28
Mi	Sa	Di	Do	So	Di	29
Do	So	Mi	Fr	Mo	Mi	30
Fr	Mo		Sa		Do	31

OKTOBER 2019

30 MONTAG

1 DIENSTAG

2 MITTWOCH

3 DONNERSTAG

4 FREITAG

---

5 SAMSTAG

---

6 SONNTAG

Oktober

M	D	M	D	F	S	S
	1	2	3	4	5	6
7	8	9	10	11	12	13
14	15	16	17	18	19	20
21	22	23	24	25	26	27
28	29	30	31			

Notizen

OKTOBER 2019

7 MONTAG

8 DIENSTAG

9 MITTWOCH

10 DONNERSTAG

11 FREITAG

Oktober

M	D	M	D	F	S	S
	1	2	3	4	5	6
7	8	9	10	11	12	13
14	15	16	17	18	19	20
21	22	23	24	25	26	27
28	29	30	31			

Notizen

12 SAMSTAG

13 SONNTAG

OKTOBER 2019

14 MONTAG

15 DIENSTAG

16 MITTWOCH

17 DONNERSTAG

18 FREITAG

Oktober

M	D	M	D	F	S	S
	1	2	3	4	5	6
7	8	9	10	11	12	13
14	15	16	17	18	19	20
21	22	23	24	25	26	27
28	29	30	31			

Notizen

19 SAMSTAG

20 SONNTAG

OKTOBER 2019

21 MONTAG

22 DIENSTAG

23 MITTWOCH

24 DONNERSTAG

25 FREITAG

Oktober

M	D	M	D	F	S	S
	1	2	3	4	5	6
7	8	9	10	11	12	13
14	15	16	17	18	19	20
21	22	23	24	25	26	27
28	29	30	31			

Notizen

26 SAMSTAG

27 SONNTAG

OKTOBER 2019

28 MONTAG

29 DIENSTAG

30 MITTWOCH

31 DONNERSTAG

1 FREITAG

2 SAMSTAG

3 SONNTAG

Oktober

M	D	M	D	F	S	S
	1	2	3	4	5	6
7	8	9	10	11	12	13
14	15	16	17	18	19	20
21	22	23	24	25	26	27
28	29	30	31			

Notizen

NOVEMBER

4 MONTAG

5 DIENSTAG

6 MITTWOCH

7 DONNERSTAG

8 FREITAG

November

M	D	M	D	F	S	S
				1	2	3
4	5	6	7	8	9	10
11	12	13	14	15	16	17
18	19	20	21	22	23	24
25	26	27	28	29	30	

Notizen

9 SAMSTAG

10 SONNTAG

NOVEMBER

11 MONTAG

12 DIENSTAG

13 MITTWOCH

14 DONNERSTAG

15 FREITAG

November

M	D	M	D	F	S	S
				1	2	3
4	5	6	7	8	9	10
11	12	13	14	15	16	17
18	19	20	21	22	23	24
25	26	27	28	29	30	

Notizen

16 SAMSTAG

17 SONNTAG

NOVEMBER

18 MONTAG

19 DIENSTAG

20 MITTWOCH

21 DONNERSTAG

22 FREITAG

23 SAMSTAG

24 SONNTAG

November

M	D	M	D	F	S	S
				1	2	3
4	5	6	7	8	9	10
11	12	13	14	15	16	17
18	19	20	21	22	23	24
25	26	27	28	29	30	

Notizen

NOVEMBER

25 MONTAG

26 DIENSTAG

27 MITTWOCH

28 DONNERSTAG

29 FREITAG

30 SAMSTAG

1 SONNTAG

November

M	D	M	D	F	S	S
				1	2	3
4	5	6	7	8	9	10
11	12	13	14	15	16	17
18	19	20	21	22	23	24
25	26	27	28	29	30	

Notizen

DEZEMBER

2 MONTAG

3 DIENSTAG

4 MITTWOCH

5 DONNERSTAG

6 FREITAG

7 SAMSTAG

8 SONNTAG

Dezember

M	D	M	D	F	S	S
						1
2	3	4	5	6	7	8
9	10	11	12	13	14	15
16	17	18	19	20	21	22
23	24	25	26	27	28	29
30	31					

Notizen

DEZEMBER

9 MONTAG

10 DIENSTAG

11 MITTWOCH

12 DONNERSTAG

13 FREITAG

14 SAMSTAG

15 SONNTAG

Dezember

M	D	M	D	F	S	S
						1
2	3	4	5	6	7	8
9	10	11	12	13	14	15
16	17	18	19	20	21	22
23	24	25	26	27	28	29
30	31					

Notizen

DEZEMBER

16 MONTAG

17 DIENSTAG

18 MITTWOCH

19 DONNERSTAG

20 FREITAG

21 SAMSTAG

22 SONNTAG

Dezember

M	D	M	D	F	S	S
						1
2	3	4	5	6	7	8
9	10	11	12	13	14	15
16	17	18	19	20	21	22
23	24	25	26	27	28	29
30	31					

Notizen

DEZEMBER

23 MONTAG

24 DIENSTAG

25 MITTWOCH

26 DONNERSTAG

27 FREITAG

28 SAMSTAG

29 SONNTAG

Dezember

M	D	M	D	F	S	S
						1
2	3	4	5	6	7	8
9	10	11	12	13	14	15
16	17	18	19	20	21	22
23	24	25	26	27	28	29
30	31					

Notizen

JANUAR 2020

30 MONTAG

31 DIENSTAG

1 MITTWOCH

2 DONNERSTAG

3 FREITAG

Januar 2020

M	D	M	D	F	S	S
		1	2	3	4	5
6	7	8	9	10	11	12
13	14	15	16	17	18	19
20	21	22	23	24	25	26
27	28	29	30	31		

Notizen

4 SAMSTAG

5 SONNTAG

JANUAR 2020

6 MONTAG

7 DIENSTAG

8 MITTWOCH

9 DONNERSTAG

10 FREITAG

Januar 2020

M	D	M	D	F	S	S
		1	2	3	4	5
6	7	8	9	10	11	12
13	14	15	16	17	18	19
20	21	22	23	24	25	26
27	28	29	30	31		

Notizen

11 SAMSTAG

12 SONNTAG

JANUAR 2020

13 MONTAG

14 DIENSTAG

15 MITTWOCH

16 DONNERSTAG

17 FREITAG

Januar 2020

M	D	M	D	F	S	S
		1	2	3	4	5
6	7	8	9	10	11	12
13	14	15	16	17	18	19
20	21	22	23	24	25	26
27	28	29	30	31		

Notizen

18 SAMSTAG

19 SONNTAG

JANUAR 2020

20 MONTAG

21 DIENSTAG

22 MITTWOCH

23 DONNERSTAG

24 FREITAG

25 SAMSTAG

26 SONNTAG

Notizen

JANUAR 2020

27 MONTAG

28 DIENSTAG

29 MITTWOCH

30 DONNERSTAG

31 FREITAG

<table>
<tr><td colspan="7" align="center">Januar 2020</td></tr>
<tr><td>M</td><td>D</td><td>M</td><td>D</td><td>F</td><td>S</td><td>S</td></tr>
<tr><td></td><td></td><td>1</td><td>2</td><td>3</td><td>4</td><td>5</td></tr>
<tr><td>6</td><td>7</td><td>8</td><td>9</td><td>10</td><td>11</td><td>12</td></tr>
<tr><td>13</td><td>14</td><td>15</td><td>16</td><td>17</td><td>18</td><td>19</td></tr>
<tr><td>20</td><td>21</td><td>22</td><td>23</td><td>24</td><td>25</td><td>26</td></tr>
<tr><td>27</td><td>28</td><td>29</td><td>30</td><td>31</td><td></td><td></td></tr>
</table>

Notizen

1 SAMSTAG

2 SONNTAG

FEBRUAR

3 MONTAG

4 DIENSTAG

5 MITTWOCH

6 DONNERSTAG

7 FREITAG

---

8 SAMSTAG

---

9 SONNTAG

Februar

M	D	M	D	F	S	S
					1	2
3	4	5	6	7	8	9
10	11	12	13	14	15	16
17	18	19	20	21	22	23
24	25	26	27	28	29	

Notizen

FEBRUAR

10 MONTAG

11 DIENSTAG

12 MITTWOCH

13 DONNERSTAG

14 FREITAG

Februar

M	D	M	D	F	S	S
					1	2
3	4	5	6	7	8	9
10	11	12	13	14	15	16
17	18	19	20	21	22	23
24	25	26	27	28	29	

Notizen

15 SAMSTAG

16 SONNTAG

FEBRUAR

17 MONTAG

18 DIENSTAG

19 MITTWOCH

20 DONNERSTAG

21 FREITAG

Februar

M	D	M	D	F	S	S
					1	2
3	4	5	6	7	8	9
10	11	12	13	14	15	16
17	18	19	20	21	22	23
24	25	26	27	28	29	

Notizen

22 SAMSTAG

23 SONNTAG

FEBRUAR

24 MONTAG

25 DIENSTAG

26 MITTWOCH

27 DONNERSTAG

28 FREITAG

Februar						
M	D	M	D	F	S	S
					1	2
3	4	5	6	7	8	9
10	11	12	13	14	15	16
17	18	19	20	21	22	23
24	25	26	27	28	29	

Notizen

29 SAMSTAG

1 SONNTAG

MÄRZ

2 MONTAG

3 DIENSTAG

4 MITTWOCH

5 DONNERSTAG

6 FREITAG

März

M	D	M	D	F	S	S
						1
2	3	4	5	6	7	8
9	10	11	12	13	14	15
16	17	18	19	20	21	22
23	24	25	26	27	28	29
30	31					

Notizen

7 SAMSTAG

8 SONNTAG

MÄRZ

9 MONTAG

10 DIENSTAG

11 MITTWOCH

12 DONNERSTAG

13 FREITAG

März

M	D	M	D	F	S	S
						1
2	3	4	5	6	7	8
9	10	11	12	13	14	15
16	17	18	19	20	21	22
23	24	25	26	27	28	29
30	31					

Notizen

14 SAMSTAG

15 SONNTAG

MÄRZ

16 MONTAG

17 DIENSTAG

18 MITTWOCH

19 DONNERSTAG

20 FREITAG

21 SAMSTAG

22 SONNTAG

März

M	D	M	D	F	S	S
						1
2	3	4	5	6	7	8
9	10	11	12	13	14	15
16	17	18	19	20	21	22
23	24	25	26	27	28	29
30	31					

Notizen

MÄRZ

23 MONTAG

24 DIENSTAG

25 MITTWOCH

26 DONNERSTAG

27 FREITAG

28 SAMSTAG

29 SONNTAG

März

M	D	M	D	F	S	S
						1
2	3	4	5	6	7	8
9	10	11	12	13	14	15
16	17	18	19	20	21	22
23	24	25	26	27	28	29
30	31					

Notizen

APRIL

30 MONTAG

31 DIENSTAG

1 MITTWOCH

2 DONNERSTAG

3 FREITAG

4 SAMSTAG

5 SONNTAG

April

M	D	M	D	F	S	S
		1	2	3	4	5
6	7	8	9	10	11	12
13	14	15	16	17	18	19
20	21	22	23	24	25	26
27	28	29	30			

Notizen

APRIL

6 MONTAG

7 DIENSTAG

8 MITTWOCH

9 DONNERSTAG

10 FREITAG

April

M	D	M	D	F	S	S
		1	2	3	4	5
6	7	8	9	10	11	12
13	14	15	16	17	18	19
20	21	22	23	24	25	26
27	28	29	30			

Notizen

11 SAMSTAG

12 SONNTAG

APRIL

<table>
<tr><td>

13 MONTAG

</td><td>

14 DIENSTAG

</td></tr>
<tr><td>

15 MITTWOCH

</td><td>

16 DONNERSTAG

</td></tr>
</table>

17 FREITAG

18 SAMSTAG

19 SONNTAG

April

M	D	M	D	F	S	S
		1	2	3	4	5
6	7	8	9	10	11	12
13	14	15	16	17	18	19
20	21	22	23	24	25	26
27	28	29	30			

Notizen

APRIL

20 MONTAG

21 DIENSTAG

22 MITTWOCH

23 DONNERSTAG

24 FREITAG

April						
M	D	M	D	F	S	S
		1	2	3	4	5
6	7	8	9	10	11	12
13	14	15	16	17	18	19
20	21	22	23	24	25	26
27	28	29	30			

Notizen

25 SAMSTAG

26 SONNTAG

APRIL

27 MONTAG

28 DIENSTAG

29 MITTWOCH

30 DONNERSTAG

1 FREITAG

2 SAMSTAG

3 SONNTAG

April

M	D	M	D	F	S	S
		1	2	3	4	5
6	7	8	9	10	11	12
13	14	15	16	17	18	19
20	21	22	23	24	25	26
27	28	29	30			

Notizen

MAI

4 MONTAG

5 DIENSTAG

6 MITTWOCH

7 DONNERSTAG

8 FREITAG

___

Mai

M	D	M	D	F	S	S
				1	2	3
4	5	6	7	8	9	10
11	12	13	14	15	16	17
18	19	20	21	22	23	24
25	26	27	28	29	30	31

Notizen

___

9 SAMSTAG

___

10 SONNTAG

___

MAI

11 MONTAG

12 DIENSTAG

13 MITTWOCH

14 DONNERSTAG

15 FREITAG

16 SAMSTAG

17 SONNTAG

Mai

M	D	M	D	F	S	S
				1	2	3
4	5	6	7	8	9	10
11	12	13	14	15	16	17
18	19	20	21	22	23	24
25	26	27	28	29	30	31

Notizen

MAI

18 MONTAG	**19** DIENSTAG

20 MITTWOCH	**21** DONNERSTAG

22 FREITAG

23 SAMSTAG

24 SONNTAG

Mai

M	D	M	D	F	S	S
				1	2	3
4	5	6	7	8	9	10
11	12	13	14	15	16	17
18	19	20	21	22	23	24
25	26	27	28	29	30	31

Notizen

MAI

25 MONTAG

26 DIENSTAG

27 MITTWOCH

28 DONNERSTAG

29 FREITAG

Mai

M	D	M	D	F	S	S
				1	2	3
4	5	6	7	8	9	10
11	12	13	14	15	16	17
18	19	20	21	22	23	24
25	26	27	28	29	30	31

Notizen

30 SAMSTAG

31 SONNTAG

JUNI

1 MONTAG

2 DIENSTAG

3 MITTWOCH

4 DONNERSTAG

5 FREITAG

6 SAMSTAG

7 SONNTAG

Juni

M	D	M	D	F	S	S
1	2	3	4	5	6	7
8	9	10	11	12	13	14
15	16	17	18	19	20	21
22	23	24	25	26	27	28
29	30					

Notizen

JUNI

8 MONTAG

9 DIENSTAG

10 MITTWOCH

11 DONNERSTAG

12 FREITAG

Juni

M	D	M	D	F	S	S
1	2	3	4	5	6	7
8	9	10	11	12	13	14
15	16	17	18	19	20	21
22	23	24	25	26	27	28
29	30					

Notizen

13 SAMSTAG

14 SONNTAG

JUNI

15 MONTAG

16 DIENSTAG

17 MITTWOCH

18 DONNERSTAG

19 FREITAG

20 SAMSTAG

21 SONNTAG

Juni

M	D	M	D	F	S	S
1	2	3	4	5	6	7
8	9	10	11	12	13	14
15	16	17	18	19	20	21
22	23	24	25	26	27	28
29	30					

Notizen

JUNI

22 MONTAG

23 DIENSTAG

24 MITTWOCH

25 DONNERSTAG

26 FREITAG

Juni						
M	D	M	D	F	S	S
1	2	3	4	5	6	7
8	9	10	11	12	13	14
15	16	17	18	19	20	21
22	23	24	25	26	27	28
29	30					

27 SAMSTAG

28 SONNTAG

Notizen

JULI

29 MONTAG

30 DIENSTAG

1 MITTWOCH

2 DONNERSTAG

3 FREITAG

Juli

M	D	M	D	F	S	S
		1	2	3	4	5
6	7	8	9	10	11	12
13	14	15	16	17	18	19
20	21	22	23	24	25	26
27	28	29	30	31		

Notizen

4 SAMSTAG

5 SONNTAG

JULI

<table>
<tr><td>

6 MONTAG

</td><td>

7 DIENSTAG

</td></tr>
<tr><td>

8 MITTWOCH

</td><td>

9 DONNERSTAG

</td></tr>
</table>

10 FREITAG

Juli

M	D	M	D	F	S	S
		1	2	3	4	5
6	7	8	9	10	11	12
13	14	15	16	17	18	19
20	21	22	23	24	25	26
27	28	29	30	31		

Notizen

11 SAMSTAG

12 SONNTAG

JULI

13 MONTAG

14 DIENSTAG

15 MITTWOCH

16 DONNERSTAG

17 FREITAG

Juli

M	D	M	D	F	S	S
		1	2	3	4	5
6	7	8	9	10	11	12
13	14	15	16	17	18	19
20	21	22	23	24	25	26
27	28	29	30	31		

Notizen

18 SAMSTAG

19 SONNTAG

JULI

20 MONTAG | **21** DIENSTAG

22 MITTWOCH | **23** DONNERSTAG

24 FREITAG

25 SAMSTAG

26 SONNTAG

Juli

M	D	M	D	F	S	S
		1	2	3	4	5
6	7	8	9	10	11	12
13	14	15	16	17	18	19
20	21	22	23	24	25	26
27	28	29	30	31		

Notizen

AUGUST

27 MONTAG

28 DIENSTAG

29 MITTWOCH

30 DONNERSTAG

31 FREITAG

August

M	D	M	D	F	S	S
					1	2
3	4	5	6	7	8	9
10	11	12	13	14	15	16
17	18	19	20	21	22	23
24	25	26	27	28	29	30
31						

Notizen

1 SAMSTAG

2 SONNTAG

AUGUST

3 MONTAG

4 DIENSTAG

5 MITTWOCH

6 DONNERSTAG

7 FREITAG

8 SAMSTAG

9 SONNTAG

August

M	D	M	D	F	S	S
					1	2
3	4	5	6	7	8	9
10	11	12	13	14	15	16
17	18	19	20	21	22	23
24	25	26	27	28	29	30
31						

Notizen

AUGUST

10 MONTAG

11 DIENSTAG

12 MITTWOCH

13 DONNERSTAG

14 FREITAG

August

M	D	M	D	F	S	S
					1	2
3	4	5	6	7	8	9
10	11	12	13	14	15	16
17	18	19	20	21	22	23
24	25	26	27	28	29	30
31						

Notizen

15 SAMSTAG

16 SONNTAG

AUGUST

17 MONTAG

18 DIENSTAG

19 MITTWOCH

20 DONNERSTAG

21 FREITAG

August

M	D	M	D	F	S	S
					1	2
3	4	5	6	7	8	9
10	11	12	13	14	15	16
17	18	19	20	21	22	23
24	25	26	27	28	29	30
31						

Notizen

22 SAMSTAG

23 SONNTAG

AUGUST

24 MONTAG

25 DIENSTAG

26 MITTWOCH

27 DONNERSTAG

28 FREITAG

29 SAMSTAG

30 SONNTAG

August

M	D	M	D	F	S	S
					1	2
3	4	5	6	7	8	9
10	11	12	13	14	15	16
17	18	19	20	21	22	23
24	25	26	27	28	29	30
31						

Notizen

SEPTEMBER

31 MONTAG

1 DIENSTAG

2 MITTWOCH

3 DONNERSTAG

4 FREITAG

September

M	D	M	D	F	S	S
	1	2	3	4	5	6
7	8	9	10	11	12	13
14	15	16	17	18	19	20
21	22	23	24	25	26	27
28	29	30				

Notizen

5 SAMSTAG

6 SONNTAG

SEPTEMBER

7 MONTAG

8 DIENSTAG

9 MITTWOCH

10 DONNERSTAG

11 FREITAG

12 SAMSTAG

13 SONNTAG

September

M	D	M	D	F	S	S
	1	2	3	4	5	6
7	8	9	10	11	12	13
14	15	16	17	18	19	20
21	22	23	24	25	26	27
28	29	30				

Notizen

SEPTEMBER

14 MONTAG

15 DIENSTAG

16 MITTWOCH

17 DONNERSTAG

18 FREITAG

19 SAMSTAG

20 SONNTAG

September

M	D	M	D	F	S	S
	1	2	3	4	5	6
7	8	9	10	11	12	13
14	15	16	17	18	19	20
21	22	23	24	25	26	27
28	29	30				

Notizen

SEPTEMBER

21 MONTAG

22 DIENSTAG

23 MITTWOCH

24 DONNERSTAG

25 FREITAG

September

M	D	M	D	F	S	S
	1	2	3	4	5	6
7	8	9	10	11	12	13
14	15	16	17	18	19	20
21	22	23	24	25	26	27
28	29	30				

Notizen

26 SAMSTAG

27 SONNTAG

OKTOBER

28 MONTAG

29 DIENSTAG

30 MITTWOCH

1 DONNERSTAG

2 FREITAG

Oktober

M	D	M	D	F	S	S
			1	2	3	4
5	6	7	8	9	10	11
12	13	14	15	16	17	18
19	20	21	22	23	24	25
26	27	28	29	30	31	

Notizen

3 SAMSTAG

4 SONNTAG

OKTOBER

5 MONTAG

6 DIENSTAG

7 MITTWOCH

8 DONNERSTAG

9 FREITAG

10 SAMSTAG

11 SONNTAG

Oktober

M	D	M	D	F	S	S
			1	2	3	4
5	6	7	8	9	10	11
12	13	14	15	16	17	18
19	20	21	22	23	24	25
26	27	28	29	30	31	

Notizen

OKTOBER

12 MONTAG

13 DIENSTAG

14 MITTWOCH

15 DONNERSTAG

16 FREITAG

Oktober

M	D	M	D	F	S	S
			1	2	3	4
5	6	7	8	9	10	11
12	13	14	15	16	17	18
19	20	21	22	23	24	25
26	27	28	29	30	31	

17 SAMSTAG

18 SONNTAG

Notizen

OKTOBER

19 MONTAG

20 DIENSTAG

21 MITTWOCH

22 DONNERSTAG

23 FREITAG

Oktober

M	D	M	D	F	S	S
			1	2	3	4
5	6	7	8	9	10	11
12	13	14	15	16	17	18
19	20	21	22	23	24	25
26	27	28	29	30	31	

Notizen

24 SAMSTAG

25 SONNTAG

OKTOBER

26 MONTAG

27 DIENSTAG

28 MITTWOCH

29 DONNERSTAG

30 FREITAG

31 SAMSTAG

1 SONNTAG

Oktober

M	D	M	D	F	S	S
			1	2	3	4
5	6	7	8	9	10	11
12	13	14	15	16	17	18
19	20	21	22	23	24	25
26	27	28	29	30	31	

Notizen

NOVEMBER

2 MONTAG

3 DIENSTAG

4 MITTWOCH

5 DONNERSTAG

6 FREITAG

<table><tr><th colspan="7">November</th></tr><tr><td>M</td><td>D</td><td>M</td><td>D</td><td>F</td><td>S</td><td>S</td></tr><tr><td></td><td></td><td></td><td></td><td></td><td></td><td>1</td></tr><tr><td>2</td><td>3</td><td>4</td><td>5</td><td>6</td><td>7</td><td>8</td></tr><tr><td>9</td><td>10</td><td>11</td><td>12</td><td>13</td><td>14</td><td>15</td></tr><tr><td>16</td><td>17</td><td>18</td><td>19</td><td>20</td><td>21</td><td>22</td></tr><tr><td>23</td><td>24</td><td>25</td><td>26</td><td>27</td><td>28</td><td>29</td></tr><tr><td>30</td><td></td><td></td><td></td><td></td><td></td><td></td></tr></table>

Notizen

7 SAMSTAG

8 SONNTAG

NOVEMBER

9 MONTAG

10 DIENSTAG

11 MITTWOCH

12 DONNERSTAG

13 FREITAG

14 SAMSTAG

15 SONNTAG

November

M	D	M	D	F	S	S
						1
2	3	4	5	6	7	8
9	10	11	12	13	14	15
16	17	18	19	20	21	22
23	24	25	26	27	28	29
30						

Notizen

NOVEMBER

16 MONTAG

17 DIENSTAG

18 MITTWOCH

19 DONNERSTAG

20 FREITAG

21 SAMSTAG

22 SONNTAG

November

M	D	M	D	F	S	S
						1
2	3	4	5	6	7	8
9	10	11	12	13	14	15
16	17	18	19	20	21	22
23	24	25	26	27	28	29
30						

Notizen

NOVEMBER

23 MONTAG

24 DIENSTAG

25 MITTWOCH

26 DONNERSTAG

27 FREITAG

November

M	D	M	D	F	S	S
						1
2	3	4	5	6	7	8
9	10	11	12	13	14	15
16	17	18	19	20	21	22
23	24	25	26	27	28	29
30						

Notizen

28 SAMSTAG

29 SONNTAG

DEZEMBER

30 MONTAG

1 DIENSTAG

2 MITTWOCH

3 DONNERSTAG

4 FREITAG

Dezember

M	D	M	D	F	S	S
	1	2	3	4	5	6
7	8	9	10	11	12	13
14	15	16	17	18	19	20
21	22	23	24	25	26	27
28	29	30	31			

Notizen

5 SAMSTAG

6 SONNTAG

DEZEMBER

7 MONTAG

8 DIENSTAG

9 MITTWOCH

10 DONNERSTAG

11 FREITAG

Dezember

M	D	M	D	F	S	S
	1	2	3	4	5	6
7	8	9	10	11	12	13
14	15	16	17	18	19	20
21	22	23	24	25	26	27
28	29	30	31			

Notizen

12 SAMSTAG

13 SONNTAG

DEZEMBER

14 MONTAG

15 DIENSTAG

16 MITTWOCH

17 DONNERSTAG

18 FREITAG

Dezember

M	D	M	D	F	S	S
	1	2	3	4	5	6
7	8	9	10	11	12	13
14	15	16	17	18	19	20
21	22	23	24	25	26	27
28	29	30	31			

Notizen

19 SAMSTAG

20 SONNTAG

DEZEMBER

21 MONTAG

22 DIENSTAG

23 MITTWOCH

24 DONNERSTAG

25 FREITAG

Dezember

M	D	M	D	F	S	S
	1	2	3	4	5	6
7	8	9	10	11	12	13
14	15	16	17	18	19	20
21	22	23	24	25	26	27
28	29	30	31			

Notizen

26 SAMSTAG

27 SONNTAG

DEZEMBER

28 MONTAG

29 DIENSTAG

30 MITTWOCH

31 DONNERSTAG

1 FREITAG

2 SAMSTAG

3 SONNTAG

Dezember

M	D	M	D	F	S	S
	1	2	3	4	5	6
7	8	9	10	11	12	13
14	15	16	17	18	19	20
21	22	23	24	25	26	27
28	29	30	31			

Notizen

OKTOBER 2019

MO	DI	MI	DO
30	1	2	3
7	8	9	10
14	15	16	17
21	22	23	24
28	29	30	31

FR	SA	SO
4	5	6
11	12	13
18	19	20
25	26	27
1	2	3

Notizen

Aufgaben

Ziele

NOVEMBER

MO	DI	MI	DO
28	29	30	31
4	5	6	7
11	12	13	14
18	19	20	21
25	26	27	28

FR	SA	SO
1	2	3
8	9	10
15	16	17
22	23	24
29	30	

Notizen

Aufgaben

Ziele

DEZEMBER

MO	DI	MI	DO
25	26	27	28
2	3	4	5
9	10	11	12
16	17	18	19
23 30	24 31	25	26

FR	SA	SO
29	30	1
6	7	8
13	14	15
20	21	22
27	28	29

Notizen

Aufgaben

Ziele

JANUAR 2020

MO	DI	MI	DO
30	31	1	2
6	7	8	9
13	14	15	16
20	21	22	23
27	28	29	30

FR	SA	SO
3	4	5
10	11	12
17	18	19
24	25	26
31	1	2

FEBRUAR

MO	DI	MI	DO
27	28	29	30
3	4	5	6
10	11	12	13
17	18	19	20
24	25	26	27

FR	SA	SO
31	1	2
7	8	9
14	15	16
21	22	23
28	29	1

Notizen

____

____

____

____

____

____

____

____

Aufgaben

____

____

____

____

____

____

Ziele

____

____

____

____

____

____

____

MÄRZ

MO	DI	MI	DO
24	25	26	27
2	3	4	5
9	10	11	12
16	17	18	19
23 / 30	24 / 31	25	26

FR	SA	SO
28	29	1
6	7	8
13	14	15
20	21	22
27	28	29

Notizen

Aufgaben

Ziele

APRIL

MO	DI	MI	DO
30	31	1	2
6	7	8	9
13	14	15	16
20	21	22	23
27	28	29	30

FR	SA	SO
3	4	5
10	11	12
17	18	19
24	25	26
1	2	3

Notizen

____
____
____
____
____
____
____
____

Aufgaben

____
____
____
____
____
____

Ziele

____
____
____
____
____
____

MAI

MO	DI	MI	DO
27	28	29	30
4	5	6	7
11	12	13	14
18	19	20	21
25	26	27	28

FR	SA	SO
1	2	3
8	9	10
15	16	17
22	23	24
29	30	31

Notizen

Aufgaben

Ziele

JUNI

MO	DI	MI	DO
1	2	3	4
8	9	10	11
15	16	17	18
22	23	24	25
29	30	1	2

FR	SA	SO
5	6	7
12	13	14
19	20	21
26	27	28
3	4	5

Notizen

Aufgaben

Ziele

JULI

MO	DI	MI	DO
29	30	1	2
6	7	8	9
13	14	15	16
20	21	22	23
27	28	29	30

FR	SA	SO
3	4	5
10	11	12
17	18	19
24	25	26
31	1	2

Notizen

Aufgaben

Ziele

AUGUST

MO	DI	MI	DO
27	28	29	30
3	4	5	6
10	11	12	13
17	18	19	20
24	25	26	27
31			

FR	SA	SO
31	1	2
7	8	9
14	15	16
21	22	23
28	29	30

Notizen

Aufgaben

Ziele

SEPTEMBER

MO	DI	MI	DO
31	1	2	3
7	8	9	10
14	15	16	17
21	22	23	24
28	29	30	

FR	SA	SO
4	5	6
11	12	13
18	19	20
25	26	27
2	3	4

Notizen

Aufgaben

Ziele

Notizen

OKTOBER

MO	DI	MI	DO
28	29	30	1
5	6	7	8
12	13	14	15
19	20	21	22
26	27	28	29

<table>
<tr><th>FR</th><th>SA</th><th>SO</th></tr>
<tr><td>2</td><td>3</td><td>4</td></tr>
<tr><td>9</td><td>10</td><td>11</td></tr>
<tr><td>16</td><td>17</td><td>18</td></tr>
<tr><td>23</td><td>24</td><td>25</td></tr>
<tr><td>30</td><td>31</td><td>1</td></tr>
</table>

Notizen

Aufgaben

Ziele

NOVEMBER

MO	DI	MI	DO
26	27	28	29
2	3	4	5
9	10	11	12
16	17	18	19
23	24	25	26
30			

FR	SA	SO
30	31	1
6	7	8
13	14	15
20	21	22
27	28	29

Notizen

Aufgaben

Ziele

Notizen

DEZEMBER

MO	DI	MI	DO
30	1	2	3
7	8	9	10
14	15	16	17
21	22	23	24
28	29	30	31

FR	SA	SO
4	5	6
11	12	13
18	19	20
25	26	27
1	2	3

Notizen

Aufgaben

Ziele

KLAUSUREN

Modul	Datum					

SEMINARARBEITEN & PROJEKTE

Fach	Thema	Abgabe-termin

NOTEN

Modul													

Modul													

SPRECHSTUNDEN

Dozent/in	Raum	Tag	Zeit	Kontakt

Notizen

SCHULFERIEN

	Weihnachtsferien 2018	Winterferien 2019	Osterferien 2019	Pfingstferein 2019	Sommerferien 2019	Herbstferien 2019
Baden-Württemberg	24.12. - 05.01.	04.03. - 08.03.	15.04. - 27.04.	11.06. - 21.06.	29.07. - 10.09.	28.10. - 30.10.
Bayern	22.12. - 05.01.	04.03. - 08.03.	15.04. - 27.04.	11.06. - 21.06.	29.07. - 09.09.	28.10. - 31.10. / 20.11.
Berlin	22.12. - 05.01.	04.02. - 09.02.	15.04. - 26.04.	31.05. / 11.06.	20.06. - 02.08.	04.10. / 07.10. - 19.10.
Brandenburg	22.12. - 05.01.	04.02. - 09.02.	15.04. - 26.04.	-	20.06. - 03.08.	04.10. - 18.10.
Bremen	24.12. - 04.01.	31.01. - 01.02.	06.04. - 23.04.	31.05. / 11.06.	04.07. - 14.08.	04.10. - 18.10.
Hamburg	20.12. - 04.01.	01.02.	04.03. - 15.03.	13.05. - 17.05. / 31.05.	27.06. - 07.08.	04.10. - 18.10. / 01.11.
Hessen	24.12. - 12.01.	-	15.04. - 27.04.	-	01.07. - 09.08.	30.09. - 12.10.
Mecklenburg-Vorpommern	24.12. - 05.01.	04.02. - 15.02.	15.04. - 24.04.	31.05. / 07.06. - 11.06.	01.07. - 10.08.	04.10. / 07.10. - 12.10. / 01.11.
Niedersachsen	24.12. - 04.01.	31.01. - 01.02.	08.04. - 23.04.	31.05. / 11.06.	04.07. - 14.08.	04.10. - 18.10.
Nordrhein-Westfalen	21.12. - 04.01.	-	15.04. - 27.04.	11.06.	15.07. - 27.08.	14.10. - 26.10.
Rheinland-Pfalz	20.12. - 04.01.	25.02. - 01.03.	23.04. - 30.04.	-	01.07. - 09.08.	30.09. - 11.10.
Saarland	20.12. - 04.01.	25.02. - 05.03.	17.04. - 26.04.	-	01.07. - 09.08.	07.10. - 18.10.
Sachsen	22.12. - 04.01.	18.02. - 02.03.	19.04. - 26.04.	31.05.	08.07. - 16.08.	14.10. - 25.10.
Sachsen-Anhalt	19.12. - 04.01.	11.02. - 15.02.	18.04. - 30.04.	31.05. - 01.06.	04.07. - 14.08.	04.10. - 11.10. / 01.11.
Schleswig-Holstein	21.12. - 04.01.	-	04.04. - 18.04.	31.05.	01.07. - 10.08.	04.10. - 18.10.
Thüringen	21.12. - 04.01.	11.02. - 15.02.	15.04. - 27.04.	31.05.	08.07. - 17.08.	07.10. - 19.10.

Weihnachtsferien 2019	Winterferien 2020	Osterferien 2020	Pfingstferein 2020	Sommerferien 2020	Herbstferien 2020	
23.12. - 04.01.	-	06.04. - 18.04.	02.06. - 13.06.	30.07. - 12.09.	26.10. - 30.10.	Baden-Württemberg
23.12. - 04.01.	24.02. - 28.02.	06.04. - 18.04.	02.06. - 13.06.	27.07. - 07.09.	31.10. - 06.11. / 18.11.	Bayern
23.12. - 04.01.	03.02. - 08.02.	06.04. - 17.04.	22.05.	25.06. - 07.08.	12.10. - 24.10.	Berlin
23.12. - 03.01.	03.02. - 08.02.	06.04. - 17.04.	-	25.06. - 08.08.	12.10. - 24.10.	Brandenburg
21.12. - 06.01.	03.02. - 04.02.	28.03. - 14.04.	22.05. / 02.06.	16.07. - 26.08.	12.10. - 24.10.	Bremen
20.12. - 03.01.	31.01.	02.03. - 13.03.	18.05. - 22.05.	25.06. - 05.08.	05.10. - 16.10.	Hamburg
23.12. - 11.01.	-	06.04. - 18.04.	-	06.07. - 14.08.	05.10. - 17.10.	Hessen
23.12. - 04.01.	10.02. - 21.02.	06.04. - 15.04.	22.05. / 29.05. - 02.06.	22.06. - 01.08.	05.10. - 10.10. / 02.11. / 03.11.	Mecklenburg-Vorpommern
23.12. - 06.01.	03.02. - 04.02.	30.03. - 14.04.	22.05. / 02.06.	16.07. - 26.08.	12.10. - 23.10.	Niedersachsen
23.12. - 06.01.	-	06.04. - 18.04.	02.06.	29.06. - 11.08.	12.10. - 24.10.	Nordrhein-Westfalen
23.12. - 06.01.	17.02. - 21.02.	09.04. - 17.04.	-	06.07. - 14.08.	12.10. - 23.10.	Rheinland-Pfalz
23.12. - 03.01.	17.02. - 25.02.	14.04. - 24.04.	-	06.07. - 14.08.	12.10. - 23.10.	Saarland
21.12. - 03.01.	10.02. - 22.02.	10.04. - 18.04.	22.05.	20.07. - 28.08.	19.10. - 31.10.	Sachsen
23.12. - 04.01.	10.02. - 14.02.	06.04. - 11.04.	18.05. - 30.05.	16.07. - 26.08.	19.10. - 24.10.	Sachsen-Anhalt
23.12. - 06.01.	-	30.03. - 17.04.	22.05.	29.06. - 08.08.	05.10. - 17.10.	Schleswig-Holstein
21.12. - 03.01.	10.02. - 14.02.	06.04. - 18.04.	22.05.	20.07. - 29.08.	17.10. - 30.10.	Thüringen

FEIERTAGE

FEIERTAG	2019	2020	BUNDESLÄNDER
Neujahr	01.01.2019 (Dienstag)	01.01.2020 (Mittwoch)	Alle Bundesländer
Heilige Drei Könige	06.01.2019 (Sonntag)	06.01.2020 (Montag)	BW, BY, ST
Karfreitag	19.04.2019 (Freitag)	10.04.2020 (Freitag)	Alle Bundesländer
Ostersonntag	21.04.2019 (Sonntag)	12.04.2020 (Sonntag)	BB
Ostermontag	22.04.2019 (Montag)	13.04.2020 (Montag)	Alle Bundesländer
Tag der Arbeit	01.05.2019 (Mittwoch)	01.05.2020 (Freitag)	Alle Bundesländer
Christi Himmelfahrt	30.05.2019 (Donnerstag)	21.05.2020 (Donnerstag)	Alle Bundesländer
Pfingstsonntag	09.06.2019 (Sonntag)	31.05.2020 (Sonntag)	BB
Pfingstmontag	10.06.2019 (Montag)	01.06.2020 (Montag)	Alle Bundesländer
Fronleichnam	20.06.2019 (Donnerstag)	11.06.2020 (Donnerstag)	BW, BY, HE, NW, RP, SL
Mariä Himmelfahrt	15.08.2019 (Donnerstag)	15.08.2020 (Samstag)	BY, SL
Tag der Deutschen Einheit	03.10.2019 (Donnerstag)	03.10.2020 (Samstag)	Alle Bundesländer
Reformationstag	31.10.2019 (Donnerstag)	31.10.2020 (Samstag)	BB, MV, SN, ST, TH, HB, HH, SH, NI
Allerheiligen	01.11.2019 (Freitag)	01.11.2020 (Sonntag)	BW, BY, NW, RP, SL
Buß- und Bettag	20.11.2019 (Mittwoch)	18.11.2020 (Mittwoch)	SN
1. Weihnachtstag	25.12.2019 (Mittwoch)	25.12.2020 (Freitag)	Alle Bundesländer
2. Weihnachtstag	26.12.2019 (Donnerstag)	26.12.2020 (Samstag)	Alle Bundesländer

NOTIZEN

NOTIZEN